À plus!

Nouvelle édition

1

Mein Wortschatztrainer

Wortschatz lernen nach Themen und im Kontext

Vokabeltrainer-App

Verfügbar für: iOS, Android und Windows Phone

Vocabulaire thématique

Les mots pour le dire

Mots en contexte

Salut! Ich heiße Filou und stelle dir deinen **Wortschatztrainer** vor. Mit diesem Heft kannst du

– nach und nach Wortschatz und wichtige Redewendungen sammeln
– und außerdem überprüfen, was du schon kannst.

Vocabulaire thématique

▶▶▶ In diesem Kapitel sammelst du den Wortschatz, der zu einem bestimmten Thema passt. Erst schreibst du die einzelnen Vokabeln auf. Dann übst du ihre Verwendung in einem Lückentext.
Außerdem findest du hier Platz für deinen persönlichen Wortschatz. In deinem Text fehlt dir zum Beispiel das französische Wort für „Konzert": Du schlägst es nach und trägst es hier ein.
Die Themen in diesem Kapitel sind nach den Unités von **À plus! 1** sortiert.

Les mots pour le dire

▶▶▶ Hier überprüfst du, ob du die Redemittel, die du in **À plus! 1** gelernt hast und für Rollenspiele benötigst, gut beherrschst. Wenn du dir bei den französischen Sätzen nicht sicher bist, kannst du in deinem Vokabeltaschenbuch auf S. 114–121 nachschauen.

Mots en contexte

▶▶▶ Hier übst du Vokabeln im Satzzusammenhang. Immer wenn du eine Unité im Buch abgeschlossen hast, füllst du die passenden Seiten in deinem Wortschatztrainer aus. Mit Hilfe der rechten Spalte der Vokabelliste von **À plus! 1** (S. 194–238) überprüfst du deine Ergebnisse.

Am Ende des Schuljahres hast du ein Nachschlagewerk, an dem du selbst mitgearbeitet hast. Du trennst die Seiten deines Wortschatztrainers heraus und heftest sie ab. So kannst du auch im nächsten Schuljahr immer hier nachschlagen, wenn du mal etwas vergessen hast.

Alles klar? Dann können wir ja loslegen.
Viel Spaß mit deinem Wortschatztrainer!
Alle **Lösungen** findest du hier
www.cornelsen.de/webcodes APLU-6429

Vocabulaire thématique

C'est la rentrée! / Das neue Schuljahr beginnt! [Unité 1 und Unité 2]

>>> Schreibe die französischen Übersetzungen der Wörter und Sätze auf.

1. die Schule = l'école

2. der Hof = la cour

3. der Schüler = ~~une~~ l'élève

4. die Schülerin = l'élève

5. die Schüler / die Schülerinnen = les élèves

6. der Lehrer = le professeur

7. die Lehrerin = la professeur

8. der/die Französischlehrer/in = le/la professeur de français

9. die (männliche) Aufsichtsperson = le surveillant

10. die (weibliche) Aufsichtsperson = la surveillante

11. die Klasse = la classe

12. die Pause = la récréation

13. der Junge = le garçon

14. das Mädchen = la fille

15. der Schulanfang = la rentrée

16. Wer ist das? = C'est ?

17. Ich heiße Noah. Und du? = Je m'appelle Noah. Et toi ?

>>> Paul stellt sich vor und spricht über seinen ersten Schultag nach den Ferien. Vervollständige den Text. Die Zahlen in Klammern geben dir Hinweise.

Salut! Moi, c'est Paul. Voilà l' _école_ [1] «Marie Curie» à Paris.

C'est la rentrée: les _élèves_ [5] sont dans la _cour_ [2].

Voilà Laura. Elle est en cinquième. Moi, je suis en sixième. Et voilà Julien et Alexandre,

ils sont dans la _classe_ [11] de Laura.

Voilà Monsieur Ledoux, le _professeur de français_ [8].

Et voilà ... C'est qui? Ah, c'est Emma. Elle est la _surveillante_ [10].

>>> Diese Wörter kannst du in deinem Schulalltag verwenden. Schreibe die deutschen Übersetzungen der Wörter auf. Du kannst auch noch andere Wörter in einem (Online-)Wörterbuch nachschlagen und sie hier aufschreiben.

la table = _der Tisch_

la chaise = _der Stuhl_

un ordinateur = _der Computer_

le livre = _das Buch_

le globe = _der Globus_

les devoirs = _die Hausaufgaben_

la guitare = _die Gitarre_

la lampe = _die Lampe_

l'étagère = _das Regal_

la porte = _das Plakat_

la foto = _das Foto_

la minichan = _die Stereoanlage_

6

Vocabulaire thématique

Ma chambre / Mein Zimmer [Unité 2]

>>> Schreibe die französischen Übersetzungen der Wörter auf.

1. das Zimmer = *la chambre* | 2. ein Schrank = *une amoire*

3. das Bett = *le lit* | 4. der Tisch = *la table*

5. der Schreibtisch [Unité 3] = *le bureau* | 6. der Stuhl = *la chaise*

7. ein Regal = *l'étagère* | 8. das Buch = *le livre*

9. die Figur = *la figurine* | 10. das Poster = *le poster*

11. die Gitarre = *la guitare* | 12. ein Computer = *un ordinateur*

13. die Sammlung = *la collecion* | 14. das Foto = *la foto*

15. die Lampe = *la lampe* | 16. die Mini-Stereoanlage = *la minichane*

17. die CD = *la CD* | 18. der Schlüssel = *la clé*

19. die DVD [Unité 4] = | 20. der Comic = *la B-D.*

21. das Handy [Unité 7] = | 22. das Manga [Unité 7] =

>>> Tarik stellt sein Zimmer vor. Vervollständige den Text mit den passenden Wörtern. Die Zahlen in Klammern geben dir Hinweise.

Voilà ma chambre: à droite, il y a une ...... amoire ...... [2] et un ... lis ...... [3].

À gauche, il y a une ...... Table ...... [4] et une ...... étagire ...... [7]

avec une ... collecion ...... [13] de bédés.

Sur la table, il y a un ... ordinateur ...... [12] et une ... lampe ...... [15].

Et qu'est-ce qu'il y a encore?

Ah oui, une ... minichau ...... [16] et une ... guitarre ...... [11].

Je suis souvent[1] sur le lit. Là, je rêve, j'écoute des ...... CD ...... [17] et je regarde des

...... B.D. ...... [20].

1 souvent oft

Mon vocabulaire personnel

>>> Wie sieht dein Zimmer aus? Was gibt es dort alles? Welche Wörter brauchst du, um dein Zimmer zu beschreiben? Schlage in einem (Online-)Wörterbuch nach und schreibe die Wörter hier auf.

die Spielkonsole = ... der Fernseher = ...

.... = ...

.... = ...

.... = ...

.... = ...

.... = ...

>>> Beschreibe nun dein Zimmer. Du kannst auch dein Traumzimmer oder auch dein „Albtraum-zimmer" vorstellen! Schreibe den Text auf ein Extrablatt.

Ma chambre, c'est super! Il y a …

Ma chambre, c'est l'horreur! Il y a …

Vocabulaire thématique

Mon appartement / Meine Wohnung [Unité 2]

>>> Schreibe die französischen Übersetzungen der Wörter auf.

1. eine Wohnung = *l'appartement* 2. mein Zimmer = *ma chambre*

3. das Wohnzimmer = *la salle de séjour*

4. der Fernseher = *la télé*

5. die Fernbedienung = *la télécommande*

6. das Badezimmer = *la salle de bains*

7. die Küche = *la cuisine* 8. der Flur = *le couloir*

9. der Wandschrank= *le placard*

10. die Toilette [Unité 5] =

11. der Tisch = *la table*

Clara beschreibt die Wohnung ihres Austauschschülers Tim. Vervollständige den Text. Die Zahlen in Klammern geben dir Hinweise.

Voilà l' .... **[1]** de Tim. À gauche, il y a la .... **[7]**,

la .... **[6]** et la .... **[3]**.

Là, on regarde la .... **[4]**. Je cherche la .... **[5]**.

Ah, elle est sur la .... **[11]**! À droite, il y a les chambres. La .... **[2]**

de Tim est entre la chambre de M. et Mme Baum et la chambre de Lisa, la sœur[1] de Tim.

1 la sœur die Schwester

Mon vocabulaire personnel

>>> Welche Zimmer gibt es in deiner Wohnung? Oder wohnst du in einem Haus? Welche Wörter brauchst du, um eure Wohnung / euer Haus zu beschreiben? Schlage in einem (Online-)Wörterbuch nach und schreibe die Wörter hier auf.

der Balkon = ...   das Haus = ...

der Garten = ...

.... = ...

.... = ...

.... = ...

.... = ...

>>> Beschreibe nun deine Wohnung / dein Haus. Du kannst auch eine Traumwohnung oder ein Traumhaus erfinden.

Dans ma maison de rêve / Dans mon appartement de rêve, il y a ....

....

....

....

....

....

Ma maisode rêve

*Mon
appartement
de rêve*

Vocabulaire thématique

Ma famille et moi / Meine Familie und ich [Unité 3]

Sylvie · Pierre · **5** Violette · Catherine · **1** Bernard †

3 · **2** · **4** · **1**

Romain · Élise · Antoine · Stéphanie

9 · **7** · **8** · **6** · **10**

Alexis · Rémy · Zoé · Claire · Louise

13 · **11** · **15** · **12** · **14** · **17** · **16** · **18**

>>> Schreibe die französischen Übersetzungen der Wörter auf.

1. die Familie = ... 2. der Großvater = ...

3. die Großmutter = ...

4. die Großeltern = ...

5. die Urgroßmutter = ... 6. der Vater = ...

7. die Mutter = ... 8. die Eltern = ...

9. der Onkel = ... 10. die Tante = ...

11. der Sohn = ... 12. die Tochter = ...

13. der Cousin = ... 14. die Cousine = ...

15. das Kind = ... 16. die Geschwister = ...

17. der Bruder = ... 18. die Schwester = ...

>>> Zoé stellt ihre Familie vor. Vervollständige den Text. Die Zahlen in Klammern geben dir Hinweise.

Moi, c'est Zoé. J'ai 12 ans. Et voilà ma .... [1]:

Ma .... [7] s'appelle Élise et mon .... [6]

Antoine. Mes .... [4] s'appellent Sylvie et Pierre. Ce sont

les .... [8] de ma mère. La mère de mon père, ma

.... [3], s'appelle Catherine. J'ai une .... [18]

et un .... [17]: Claire (14 ans) et Rémy (8 ans). J'ai aussi une

.... [5], elle s'appelle Colette et elle a 85 ans.

Stéphanie, c'est ma .... [10]. Sa .... [12] s'appelle

Louise: c'est ma .... [14]. Mon .... [9] s'appelle

Romain et il a un .... [11]: c'est mon .... [13] Alexis.

Mon vocabulaire personnel

>>> Was kannst du über deine Familie sagen? Brauchst du noch andere Wörter, um deine Familie vorzustellen? Suche sie in einem (Online-)Wörterbuch. Schreibe die Wörter hier auf.

.... mein Halbbruder .... = ...

.... = ...

.... = ...

.... = ...

>>> Stelle nun deine Familie vor. Schreibe den Text auf ein Blatt, das du dann abheften kannst. Du kannst auch einen Stammbaum dazu zeichnen.

Du kannst auch eine Fantasiefamilie erfinden.

Ma famille imaginaire[1]

1 la famille imaginaire die Fantasiefamilie

Vocabulaire thématique

>>> Schreibe die französischen Bezeichnungen für die Tiere auf, die du schon kennst. Die übrigen Tiere, die mit einem Sternchen (*) gekennzeichnet sind, findest du in der ▶ *Banque de mots* im Buch auf S. 192.

1. ein Tier = ...

2. der Hund = ...   3. die Katze = ...

4. das Meerschweinchen = ...

5. der Wellensittich = ...

6. das Pferd* = ...   7. der Kanarienvogel* = ...

8. die Maus* = ...   9. die Schildkröte = ...

10. der Hamster = ...

11. der Fisch = ...   12. die Schlange* = ...

13. die Spinne* = ...   14. der Papagei* = ...

15. das Kaninchen = ...

13

>>> Löse das Kreuzworträtsel. Die Buchstaben in den gelben Kästchen ergeben das Lösungswort.

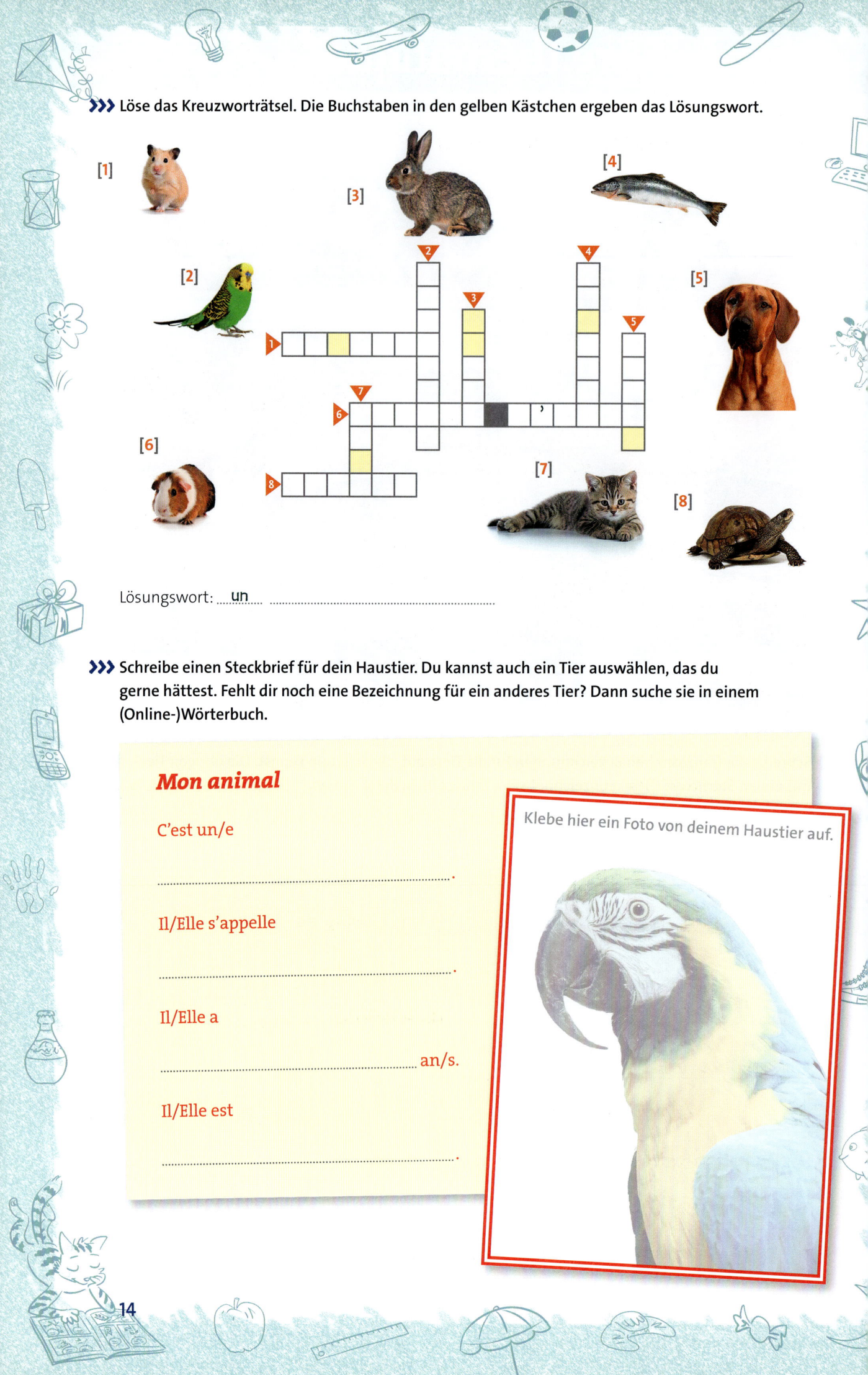

[1]

[3]

[4]

[2]

[5]

[6]

[7]

[8]

Lösungswort: ...un...... ....

>>> Schreibe einen Steckbrief für dein Haustier. Du kannst auch ein Tier auswählen, das du gerne hättest. Fehlt dir noch eine Bezeichnung für ein anderes Tier? Dann suche sie in einem (Online-)Wörterbuch.

Mon animal

C'est un/e

....

Il/Elle s'appelle

....

Il/Elle a

.... an/s.

Il/Elle est

....

Klebe hier ein Foto von deinem Haustier auf.

Vocabulaire thématique

En classe / Im Klassenzimmer [Module 1–3]

Trouvez les mots qui vont ensemble !

>>> Schreibe die französischen Übersetzungen der Wörter auf.

1. die Tafel = ...

2. die Tür = ...

3. das Fenster = ...

4. das Heft = ...

5. der Text = ...

6. das Wort = ...

7. der Satz = ...

8. die Frage = ...

9. die Aufgabe = ...

10. der Bleistift = ...

11. der Ordner = ...

12. der Buntstift = ...

13. der Radiergummi = ...

14. das Papier = ...

15. der Kugelschreiber = ...

16. Wie schreibt man „crayon"? = ...

17. Können Sie das wiederholen? = ...

18. Ich verstehe (es) nicht. = ...

19. Ich habe meine Hausaufgaben nicht. = ...

>>> In diesem Buchstabengitter sind neun Wörter zum Thema *En classe* versteckt. Finde sie wieder und kreise sie ein.

G	E	R	Q	U	E	S	T	I	O	N	A	R	C	I	N
I	F	R	A	D	J	Q	T	E	X	T	E	W	A	H	P
A	F	R	É	P	O	N	S	E	M	B	A	Z	H	F	P
N	A	S	T	P	U	S	A	Y	I	P	D	H	I	N	H
N	C	R	A	Y	O	N	D	E	C	O	U	L	E	U	R
O	E	M	Z	S	R	N	U	L	A	R	A	U	R	X	A
P	U	R	O	C	M	L	S	V	G	T	G	F	U	C	S
E	R	V	E	P	A	P	I	E	R	E	D	P	J	B	E

>>> Die Klasse 6A hat Französischunterricht. Vervollständige den Text. Die Zahlen in Klammern geben dir Hinweise.

Monsieur Martel: «Tout le monde est là?

Alors ouvrez le livre, lisez

l'_____ [9]. Écrivez:

À Strasbourg, il y a le Parlement européen ...»

Loïc cherche son _____ [4],

Antonin cherche son _____ [15].

Antonin: «Loïc, tu as un _____ [15]?»

Loïc: «Non, mais j'ai un _____ [10].»

M. Martel: «Qu'est-ce qu'il y a? Loïc et Antonin, vous avez une _____ [8]?»

Antonin: «Je ne comprends pas le _____ [6] ‹parlement›. Qu'est-ce que ça veut dire?»

Loïc: «‹Parlement européen›, c'est ‹Europäisches Parlament› en allemand.»

M. Martel: «Merci, Loïc. Alors, regardez le _____ [1]: En France, il y a ...»

Vocabulaire thématique

Les jours et les mois / Die Wochentage [Module 3] und die Monate [Unité 7]

OCTOBRE			OCTOBRE
4	Lundi	Jeudi	**7**
devoirs de français!			
5	Mardi	Vendredi	**8**
		grand-mère	
6	Mercredi	Samedi	**9**
guitare		concours d'animaux	
	IMPORTANT	Dimanche	**10**

>>> Schreibe die französischen Bezeichnungen in den Kalender unten.

Die Wochentage [Module 3]

	Montag
	Dienstag
	Mittwoch
	Donnerstag
	Freitag
	Samstag
	Sonntag

Die Monate [Unité 7]

	Januar
	Februar
	März
	April
	Mai
	Juni
	Juli
	August
	September
	Oktober
	November
	Dezember

>>> Hier kannst du deinen eigenen Geburtstagskalender gestalten! Ergänze die Monatsnamen auf Französisch und trage die Geburtstage deiner Freunde und Verwandten ein. [Unité 7]

Janvier

Mars

1er avril

Juillet

Vocabulaire thématique

>>> Il est quelle heure? / Wie viel Uhr ist es? Verbinde die Uhren mit den passenden Uhrzeiten.

Il est cinq heures vingt-cinq.

Il est sept heures moins le quart.

Il est dix heures.

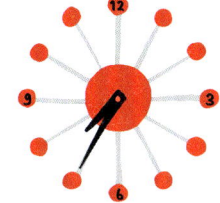

Il est neuf heures.

Il est sept heures et quart.

Il est quatre heures cinq.

Il est six heures et demie.

Il est midi dix.

Il est huit heures moins vingt-cinq.

Il est huit heures moins vingt.

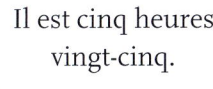

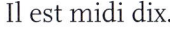

>>> *Sept heures et quart* oder *huit heures moins le quart*? **Zeichne die Pfeile ein.**

Il est sept heures et quart.

Il est sept heures et demie.

Il est huit heures moins vingt.

Il est huit heures moins le quart.

Il est huit heures moins cinq.

Il est huit heures dix.

>>> **Il est quelle heure? / Schreibe die Uhrzeiten auf Französisch aus.**

1. Il est ....

2. Il est ....

3. Il est ....

4. Il est ....

5. Il est ....

6. Il est ....

7. Il est ....

8. Il est ....

Vocabulaire thématique

Mes hobbys / Meine Hobbys [Unité 4]

>>> Schreibe die französischen Übersetzungen der Wörter und Sätze auf.

1. eine Freizeitaktivität = ...

2. der Sport = ...

3. die Leichtathletik = ...

4. Tennis = ...

5. Fußball = ...

6. im Internet surfen [Unité 3] = ...

7. die Musik = ...

8. das Schlagzeug = ...

9. das Zeichnen = ...

10. das Theater = ...

11. die Natur = ...

12. das Lesen = ...

13. das Kino = ...

14. singen [Unité 2] = ...

15. tanzen = ...

16. Ski fahren = ...

17. Gitarre spielen = ...

18. Rad fahren = ...

19. Ich mag Rudern. = ...

20. Ich mag Rockmusik. = ...

⟫⟫ Lucas erzählt, was er am liebsten in seiner Freizeit macht und was er gerne mag. Vervollständige den Text. Die Zahlen in den Klammern geben dir Hinweise. Achte bei den Nomen auf den richtigen Artikel.

Bonjour! Je m'appelle Luc et j'ai douze ans. Mon hobby, c'est .... [7].

J'adore .... [20]! Je .... [17] et je

.... [14] dans un groupe. J'aime aussi .... [11]

mais je n'aime pas les week-ends en famille. Je préfère .... [18]

avec mes amis.

Mon vocabulaire personnel

⟫⟫ Was machst du in deiner Freizeit? Hast du Hobbys? Welche Wörter brauchst du, um zu sagen, was du magst oder was du nicht magst? Dazu findest du eine Liste mit weiteren Freizeitaktivitäten in der ▶ *Banque de mots* im Buch, S. 192. Du kannst auch in einem (Online-)Wörterbuch nachschauen.

.... Tischtennis .... = ...

.... = ...

.... = ...

.... = ...

.... = ...

.... = ...

⟫⟫ Schreibe nun über deine Hobbys. Was magst du gerne und was nicht?

Vocabulaire thématique

Au collège / Im Collège [Unité 5]

Schreibe die französischen Übersetzungen der Wörter auf.

1. das Klassenzimmer = ...

2. das Lehrerzimmer = ...

3. der Aufenthaltsraum = ...

4. das Sekretariat = ...

5. die Schulbibliothek = ...

6. die Dokumentalistin = ...

7. die Kantine = ...

8. die Turnhalle = ...

9. die Toiletten = ...

0. die Krankenstation = ...

11. die Krankenpflegerin = ...

12. das Collège = ...

13. der Hof [Unité 1] = ...

14. der Tag der offenen Tür = ...

>>> Yasmina erzählt, was es in ihrer Schule alles gibt. Vervollständige den Text. Achte darauf, ob du den bestimmten, den unbestimmten oder keinen Artikel verwenden musst!

Voilà mon .... [12]! C'est .... [12] «Victor Hugo»

à Marseille. Il y a treize .... [1], une ....

.... [2] et un .... [4].

J'aime .... [5] parce que j'adore regarder des bédés.

Et j'aime aussi .... [8]: j'adore le sport! À midi, on mange à

.... [7]. Le jeudi, il y a toujours des spaghettis! C'est super!

Mon vocabulaire personnel

>>> Wie heißt deine Schule? Was gibt es dort? Welchen Ort magst du am liebsten? Brauchst du noch andere Wörter? Schlage sie in einem (Online-)Wörterbuch nach und schreibe sie hier auf.

.... der Sportplatz .... = ...

.... = ...

.... = ...

.... = ...

.... = ...

.... = ...

>>> Stelle nun deine Schule vor. Du kannst dich an dem Beispieltext oben orientieren.

Vocabulaire thématique

Mon emploi du temps / Mein Stundenplan [Unité 5]

	LUNDI	MARDI	MERCREDI	JEUDI	VENDREDI
8 h	français	maths	français		EPS
9 h	musique	maths	arts plastiques[1]	allemand	EPS
10 h 15	anglais	français	CDI	maths	allemand
11 h 15	EPS		physique	EPS	maths
12 h 15	cantine	cantine		cantine	cantine
14 h	histoire-géo[2]	histoire-géo		permanence	SVT
15 h	physique	allemand		français	SVT
16 h	français			SVT	

>>> Schreibe die französischen Bezeichnungen für die Unterrichtsfächer auf, die du schon kennst.
Achtung: Im Französischen schreibt man die Unterrichtsfächer mit dem bestimmten Artikel!

Mathematik = les ....

Französisch = ...

Englisch = ...

Deutsch = ...

Musik = ...

Biologie = ...

Sport = ...

das Schulfach = ...

der Stundenplan = ...

die Kantine = ...

der Aufenthaltsraum = ...

Ich habe keinen Unterricht. = ...

1 les arts plastiques *m. pl.* Kunst *(als Schulfach)* 2 l'histoire-géo *f. fam.* Schulfach, etwa Geschichte-Erdkunde

Mon vocabulaire personnel

>>> Hier kannst du deinen Stundenplan auf Französisch eintragen! Wenn du noch weitere
Unterrichtsfächer auf Französisch benötigst, schaue in einem (Online-)Wörterbuch nach.

	LUNDI	MARDI	MERCREDI	JEUDI	VENDREDI

>>> Was sind deine Lieblingsfächer? Und welche Fächer magst du nicht so gerne?
(Denke daran, den bestimmten Artikel zu verwenden, z. B. *J'aime les maths*.)

Ma matière préférée, c'est .... parce que/qu' ....

....

Je n'aime pas .... parce que/qu' ....

....

J'aime .... parce que/qu' ....

....

Vocabulaire thématique

Ma ville, mon quartier / Meine Stadt, mein Viertel [Unité 6]

››› Schreibe die französischen Übersetzungen der Wörter auf.

1. die Stadt = ...
2. das Viertel = ...

3. das Dorf = ...
4. die Straße [Unité 3] = ...

5. die Kathedrale = ...
6. der Park = ...

7. das Geschäft = ...
8. das Café = ...

9. der Supermarkt = ...
10. die Bäckerei = ...

11. das Einkaufszentrum = ...

12. das Schwimmbad = ...

13. das Stadion = ...
14. das Kino [Unité 4] = ...

15. das Theater [Unité 4] = ...
16. das Museum [Unité 5] = ...

17. das Stadtzentrum [Unité 5] = ...

18. die Buchhandlung [Unité 7] = ...

>>> Benjamin stellt seinen Wohnort vor. Vervollständige den Text. Die Zahlen in Klammern geben dir Hinweise.

J'habite à Courbevoie. C'est près de Paris. Et qu'est-ce qu'il y a à Courbevoie?

Il y a un .... [6], un .... [9],

un .... [13]. Et il y a aussi une .... [12],

une .... [5] et des .... [7].

Qu'est-ce qu'il y a entre la .... [10] et le .... [8]?

C'est le .... «Odéon» [14]! Et toi, tu habites où?

Mon vocabulaire personnel

>>> Was gibt es in deinem Viertel, deinem Dorf, deiner Stadt? In der ▶ *Banque de mots* im Buch, S. 179, findest du noch andere Wörter, um deine Umgebung zu beschreiben. Weitere Wörter kannst du in einem (Online-)Wörterbuch nachschlagen.

.... die Kirche .... = ... das Hotel .... = ...

.... = ... = ...

.... = ...

.... = ...

.... = ...

.... = ...

.... = ...

.... = ...

.... = ...

.... = ...

>>> Stelle nun deinen Wohnort vor. Schreibe den Text auf ein Blatt, das du dann abheften kannst.

Vocabulaire thématique

Qu'est-ce qu'on mange? / Was essen wir? [Unité 7]

>>> Schreibe die französischen Wörter für die Nahrungsmittel und Getränke auf.

1. die Erdbeere = ...

2. eine Orange = ...

3. der Apfel = ...

4. die Birne = ...

5. eine Ananas = ...

6. der Obstsalat = ...

7. der Salat = ...

8. die Brezel = ...

9. die Bonbons = ...

10. die Butter = ...

11. ein Ei = ...

12. das Mehl = ...

13. die Milch = ...

14. der Zucker = ...

15. eine Flasche Wasser = ...

16. eine Packung Kartoffelchips = ...

17. ein Kilo Tomaten = ...

18. die Kekse [Unité 2] = ...

19. eine Tafel Schokolade = ...

20. der Fruchtsaft [Unité 3] = ...

21. die Spaghetti [Unité 5] = ...

22. der Senf [Unité 6] = ...

23. die Tomatensoße [Unité 6] = ...

24. der Kuchen [Unité 6] = ...

25. das Brot [Unité 6] = ...

Mon vocabulaire personnel

››› Was ist dein Lieblingsessen? Welche Getränke magst du? Und was magst du überhaupt nicht? Schlage die Wörter, die du brauchst, in einem (Online-)Wörterbuch nach und schreibe sie hier auf.

das Eis = ...

.... = ...

.... = ...

.... = ...

.... = ...

.... = ...

.... = ...

››› Erstelle eine Rangliste deines Lieblingsessens und deiner Lieblingsgetränke. Schreibe in die Tabelle, was du magst und was du nicht magst. Denke daran, den bestimmten Artikel zu verwenden, z. B. *J'aime le pain. / Je n'aime pas les tomates*.

	J'AIME ...	JE N'AIME PAS ...
1.		
2.		
3.		
4.		
5.		
6.		
7.		
8.		
9.		
10.		

30

Vocabulaire thématique

Mon anniversaire / Mein Geburtstag [Unité 7]

>>> Schreibe die französischen Übersetzungen der Wörter auf.

1. ein Geburtstag = ...

2. die Überraschung = ...

3. das Geschenk = ...   4. der Kuchen = [Unité 6] ....

5. die Kerze = ...   6. das Buffet = ...

7. Freunde einladen = ...

8. die Feier = ...   9. tanzen = ...

10. träumen = ...   11. singen [Unité 2] = ...

12. das Lied = ...   13. die Einladung = ...

14. ein Geschenk mitbringen = ...

15. Herzlichen Glückwunsch zum Geburtstag! = ...

>>> Valérie spricht über ihre Geburtstagsfeier. Vervollständige den Text. Die Zahlen in Klammern geben dir Hinweise. Denke daran, die Verben zu konjugieren.

Le 21 juillet, c'est mon .... [1]! Et il y a déjà treize

.... [5] sur mon gâteau! Mes copains ....

.... [14]: un DVD de «Le seigneur des anneaux»!

On .... [9] ensemble et on .... [11].

Il y a aussi un .... [6]. C'est la .... [8]!

Mon vocabulaire personnel

>>> Wann hast du Geburtstag? Wie feierst Du? Wen lädst du ein? Welche Wörter brauchst du, um über deinen Geburtstag zu sprechen? Schlage in einem (Online-)Wörterbuch nach und schreibe die Wörter hier auf.

.... die Pizza .... = ...

= ....

.... = ...

.... = ...

.... = ...

.... = ...

>>> Erzähle nun, was du an deinem Geburtstag machst. Du kannst dir auch etwas ausdenken.

....

....

....

....

....

....

Vocabulaire thématique

C'est les vacances! / Es sind Ferien! [Unité 8]

>>> Schreibe die französischen Übersetzungen der Wörter auf.

1. das Meer = ...

2. die Sonne = ...

3. der Strand = ...

4. die Aussicht = ...

5. die Hängematte [Unité 2] = ...

6. schwimmen = ...

7. der Tourist / die Touristin [Unité 6] = ...

8. die Postkarte = ...

9. die Erinnerung = ...

10. die Pyrenäen = ...

11. der Berg [Unité 4] = ...

12. die Wanderung = ...

13. das Schloss = ...

14. der See = ...

15. das Zelt = ...

16. zelten = ...

17. wunderschön = ...

>>> Pauline schreibt ihrer Freundin Sylvie eine Postkarte aus dem Urlaub. Vervollständige den Text. Die Zahlen in Klammern geben dir Hinweise.

Salut, Sylvie! Comment ça va? On fait du camping dans

les .... [10]. Il y a un .... [14]

juste devant notre .... [15]. C'est génial,

on peut .... [6]! Demain, on va faire une

.... [12]. Mon frère est chez notre

grand-mère à Nice, il adore .... [1].

Mais moi, je préfère .... [11]!

À bientôt! Pauline

Mlle Sylvie Fabre

10, rue du musée

6700 Strasbourg

Mon vocabulaire personnel

>>> Was wirst du in den nächsten Ferien machen? Welche Wörter brauchst du, um über deinen Traumurlaub zu sprechen? Schlage in einem (Online-)Wörterbuch nach und schreibe die Wörter hier auf.

.... eine Insel .... = ... = ...

.... = ...

.... = ... = ...

.... = ...

>>> Erzähle nun, was du in den nächsten Ferien machen wirst. Du kannst auch deinen Traumurlaub beschreiben.

....

....

....

....

....

Mes vacances de rêve

Les mots pour le dire

>>> Die französischen Sätze findest du in deinem Vokabeltaschenbuch auf S. 114–121.

Sich vorstellen

>>> Hier sollst du *dich* vorstellen. Du kannst also deinen Namen einsetzen und sagen, in welcher Klasse du bist, usw.

[Unité 1]

Je m'appelle (Lukas). .... = Ich heiße (Lukas). ....

Moi, c'est (Jade). Et toi? .... = ...

.... = Ich bin aus (Berlin). ....

Je suis en sixième/cinquième. .... = ...

.... = Ich bin (Yasmines) Freund/Freundin. ....

[Unité 3]

.... = Ich bin (13) Jahre alt. ....

Über den Wohnort Auskunft geben

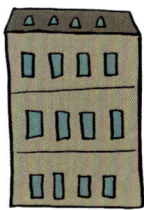

[Unité 3]

.... = Ich wohne in Deutschland. ....

J'habite à Berlin. .... = ...

.... = Ich wohne in der Goethestraße. ....

C'est près de Berlin. .... = ...

.... = Das ist ganz in der Nähe. ....

C'est loin. .... = ...

[Unité 6]

Le centre-ville est petit/grand. .... = ...

....

Mon quartier est près/loin du centre. .... = ...

....

C'est un peu comme dans un village. .... = ...

....

.... = Es gibt zu viele Touristen.

.... = Es gibt nicht genug Geschäfte.

....

Die Familie und den Familienalltag vorstellen

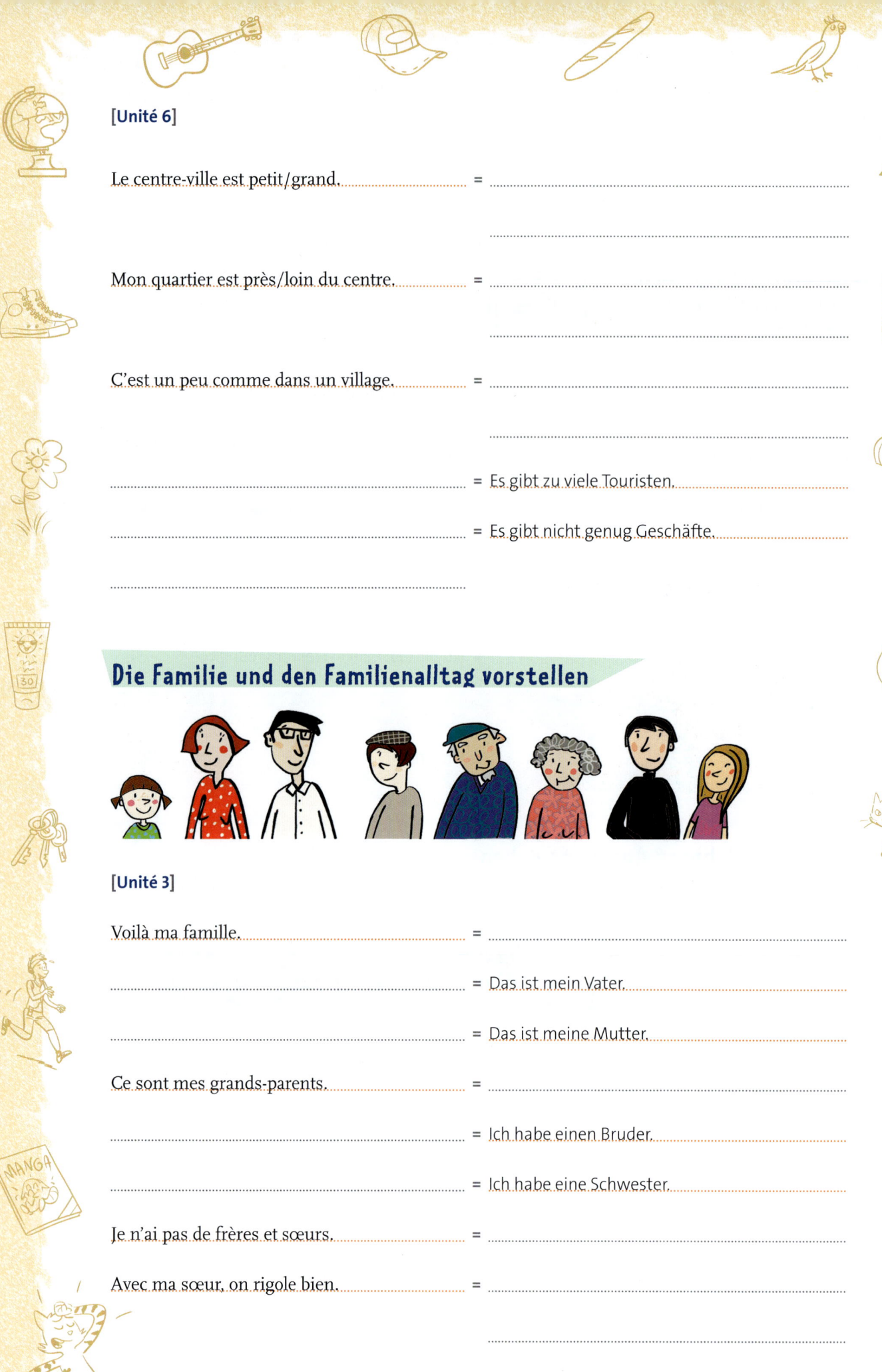

[Unité 3]

Voilà ma famille. .... = ...

.... = Das ist mein Vater.

.... = Das ist meine Mutter.

Ce sont mes grands-parents. .... = ...

.... = Ich habe einen Bruder.

.... = Ich habe eine Schwester.

Je n'ai pas de frères et sœurs. .... = ...

Avec ma sœur, on rigole bien. .... = ...

....

Je n'ai pas d'animal. .... = ...

.... = Mein Vater arbeitet in Paris.

Mes parents sont ensemble. .... = ...

.... = Meine Eltern sind getrennt.

.... = Ich wohne mit meiner Mutter zusammen,

.... aber ich verbringe die Ferien bei meinem Vater.

....

Das eigene Zimmer beschreiben

[Unité 2]

Dans ma chambre, il y a une armoire, ... = ...

des étagères, un coin bédés. ....

.... = Es gibt auch einen Tisch mit einer

.... Figurensammlung.

.... = Wo ist das Bett?

L'ordinateur est dans la chambre. .... = ...

.... = Die Lampe ist auf dem Regal.

.... = Das Buch ist unter dem Schrank.

.... = Die Hängematte ist hinter dem Bett.

La guitare est entre la télé et la lampe. = ...

....

.... = Wo sind die Comics?

Les livres sont sur le lit. = ...

.... = links

.... = rechts

.... = In meinem Zimmer singe ich.

Über Hobbys und Vorlieben sprechen

[Unité 4]

.... = Mein Hobby ist Tanz.

.... = Mein Lieblingssport ist Fußball.

Je fais de la musique. = ...

Et moi, je fais de l'athlétisme. = ...

J'aime la musique. = ...

.... = Ich liebe Theater.

.... = Ich singe gern.

Je préfère le cinéma. = ...

Mon truc, c'est la lecture. = ...

.... = Ich hasse Rap.

Je n'aime pas le sport. = ...

Je suis fan de ZAZ. = ...

Les mots pour le dire

Über die Schule sprechen

[Unité 5]

Voilà notre cantine. = ...

.... = Hier sind wir im Schulhof.

Au gymnase, on peut faire du sport. = ...

Ils sont comment, vos profs? = ...

Ça dépend. = ...

Je suis bonne en anglais. = ...

.... = Ich bin schlecht in Englisch.

.... = Deutsch ist mein Lieblingsfach.

J'ai cours de 8 à 10 heures. = ...

J'ai une heure d'allemand. = ...

.... = Ich habe zwei Stunden Biologie.

>>> Hier kannst du weitere Sätze ergänzen.

.... = ...

.... = ...

.... = ...

Andere vorstellen

Über andere sprechen

[Unité 1]

Voilà Jade. .... = ...

.... = Wer ist der Junge?

.... = Das ist Lukas.

Elle s'appelle comment? .... = ...

.... = Sie heißt Jade.

.... = Er ist neu.

Elle est nouvelle. .... = ...

Elle est dans la classe de Yasmine. .... = ...

.... = Das ist Claras Freundin.

Sich begrüßen und verabschieden

Mit anderen sprechen

[Unité 1]

.... = Hallo!

Bonjour! .... = ...

Les mots pour le dire

Ça va? = ...

Super! / Très bien. = ...

Ça va. / Pas mal. = ...

Bof. = ...

.... = Tschüss!

.... = Auf Wiedersehen!

À demain! = ...

.... = Bis später!

[Unité 4]

Allô? *(am Telefon)* = ...

[Unité 5]

grosses bises *(in einer E-Mail)* = ...

Sich kennenlernen

[Unité 1]

.... = Wie heißt du?

[Unité 2]

Qu'est-ce que tu fais dans ta chambre? = ...

.... = ...

.... = Was machst du bei dir zu Hause?

....

[Unité 3]

.... = Seid ihr / Sind Sie aus (Straßburg)? ....

Tu habites où? .... = ...

Tu as quel âge? .... = ...

.... = Hast du ein Haustier? ....

>>> Hier kannst du weitere Sätze ergänzen.

.... = ...

.... = ...

.... = ...

.... = ...

Sich einigen

[Unité 4]

Ça marche? .... = ...

.... = Bist du einverstanden? ....

.... = Ich auch. ....

Moi, non! .... = ...

[Unité 5]

Je suis contre. .... = ...

.... = Ich bin dafür. ....

.... = Ich bin einverstanden. ....

Les mots pour le dire

Etwas gut oder schlecht finden

[Unité 5]

Ah non! On ne va pas aller au musée! = ...

....

Oh, si! = ...

.... = Das ist nicht interessant.

C'est nul. = ...

Trop cool! = ...

.... = Gute Idee!

[Unité 8]

.... = Was für ein Glück!

Nach dem Grund fragen / Etwas begründen

[Unité 5]

.... = Warum isst du nicht in der Kantine?

....

Parce que je n'aime pas le poisson. = ...

....

Sich verabreden / Etwas planen

[Unité 4]

Qu'est-ce que tu fais ce week-end? = ...

....

.... = Wir können einen Ausflug machen.

....

.... = Ich lade dich ein.

.... = Danke, das ist nett.

C'est une super idée. = ...

.... = Ich frage meine Eltern.

Mes parents sont d'accord. = ...

On passe chez toi à dix heures. = ...

....

.... = Wann gehen wir nach Hause?

....

[Unité 5]

Qu'est-ce qu'on va faire demain? = ...

....

.... = Wir können eine Rallye machen.

....

.... = Wo gehen wir hin?

C'est ouvert. = ...

.... = Es ist geschlossen.

Les mots pour le dire

Jemanden zu etwas auffordern und auf eine Aufforderung reagieren

[Unité 2]

Tu joues avec moi? .... = ...

.... = Schauen wir zusammen fern? ....

....

.... = Bitte spiel mit mir. ....

....

Jouez avec moi, s'il vous plaît. .... = ...

Bon, d'accord. .... = ...

.... = Nein, jetzt nicht, ich arbeite. ....

....

Über einen Tagesablauf sprechen

Tagesablauf

[Module 4]

Il est quelle heure? .... = ...

.... = Wir haben Zeit. ....

.... = Der Zug ist pünktlich. ....

Quand est-ce que tu vas à l'ecole? .... = ...

À quelle heure est-ce que tu as cours? .... = ...

.... = Wohin gehst du nach dem Unterricht?

.... = Um acht Uhr gehe ich nach Hause.

Le matin, je vais au collège. .... = ...

.... = Montags mache ich Sport.

.... = Am Montag mache ich Sport.

Über einen Geburtstag sprechen

Geburtstag

.... = Wann hast du Geburtstag?

....

Mon anniversaire, c'est en juillet. .... = ...

.... = Claras Geburtstag ist am 23. März.

....

Je t'invite à ma fête d'anniversaire. .... = ...

.... = Ich zähle auf dich.

Les mots pour le dire

On pourrait faire une surprise à Théo. = ...

....

Qui fait quoi? = ...

.... = Wer geht einkaufen?

.... = Wer will mir helfen?

Moi, je t'aide. = ...

Comment est-ce qu'on fait pour le gâteau? = ...

....

.... = Ich bringe eine DVD mit.

.... = Herzlichen Glückwunsch zum Geburtstag!

Über Essen und Trinken sprechen

Essen und Trinken

[Unité 6]

.... = Ich habe Hunger.

.... = Ich habe Durst.

.... = Ich habe keinen Hunger.

Je n'ai pas soif. = ...

.... = Ich habe keinen Hunger mehr.

Je n'ai plus soif. = ...

Qu'est-ce qu'il y a à la cantine aujourd'hui? = ...

....

.... = Was nimmst du?

Moi, je prends le pâté. = ...

Tu me passes l'eau, s'il te plaît? = ...

....

.... = Schmeckt das?

Très bon. = ...

.... = Guten Appetit!

Merci! = ...

Einkaufen

Einkaufen

[Unité 7]

Qui fait les courses? = ...

Qu'est-ce que j'achète? = ...

.... = Ich kaufe Äpfel.

....

Je voudrais un kilo de pommes. = ...

....

.... = Wie viel kostet das?

Ça coûte 2,60 €. = ...

.... = Das ist teuer.

48

Les mots pour le dire

.... = Das ist nicht teuer.

.... = Ich habe nicht viel Geld.

....

>>> **Hier kannst du weitere Sätze ergänzen.**

.... = ...

.... = ...

.... = ...

.... = ...

.... = ...

Über Ferien sprechen

[Unité 8]

Qu'est-ce que tu fais pendant les vacances? = ...

....

.... = Wo wirst du deine Ferien verbringen?

.... = Ich werde zwei Tage in Marseille verbringen.

....

.... = Ich werde drei Wochen in Marseille

.... verbringen.

Je vais aller à Lyon. = ...

.... = Ich werde in die Vogesen fahren.

....

.... = Ich bleibe hier.

On va faire du camping au bord du .... = ...

lac Léman. ....

.... = Wir werden Wanderungen in den Bergen

.... machen.

Je t'appelle quand j'arrive chez ma tante. = ...

....

Über das **Wetter** sprechen

[Unité 8]

Il y a beaucoup de soleil. = ...

.... = Es ist schönes Wetter.

Il ne fait pas très beau. = ...

Les mots pour le dire

.... = Es ist warm/heiß.

.... = Es regnet.

.... = Es ist kalt.

Le temps n'est pas génial. .... = ...

Nach dem Weg fragen / Den Weg erklären

[Unité 8]

Pour aller à la tour Eiffel, s'il vous plaît? = ...

....

.... = Das ist nicht weit ....

Vous prenez la première rue à droite. = ...

....

.... = Gehen Sie bis zur Avenue Kléber.

....

Et c'est là. .... = ...

.... = Das ist neben der Station Trocadéro.

....

Platz für deine Notizen und eigene Eselsbrücken

Mots en contexte

Salut, ça va? [Unité 1, Volet 1]

>>> Formuliere die französischen Sätze und schreibe sie auf. Die Lösungen findest du in der rechten Spalte der ▶ *Liste des mots* im Buch ab S. 194.

1. Du fragst jemanden, ob es ihm/ihr gut geht. Er/sie antwortet, dass es ihm/ihr gut geht.

– ....

– ....

2. Thomas stellt sich vor und fragt dich, wie du heißt.

....

....

3. Du fragst jemanden, wie es ihm/ihr geht. Er/Sie antwortet: „Na ja."

– ....

– ....

4. Du fragst jemanden, ob es ihm/ihr gut geht. Er/sie sagt, dass es ihm/ihr super geht.

– ....

– ....

5. Du begrüßt deine Lehrerin.

....

6. Du verabschiedest dich von deinem Lehrer.

....

La classe de sixième A [Unité 1, Volet 2]

1. Du sagst, dass das die Klasse 6A ist.

....

2. Stéphane Martel sagt, wie er heißt.

....

3. Jemand fragt dich, ob es dir gut geht. Du sagst, dass es dir sehr gut geht.

– ....

– ....

4. Du sagst, dass er aus Berlin ist.

....

5. Du fragst, ob sie aus Straßburg ist.

....

6. Du sagst, dass das die Klasse von Herrn Martel ist.

....

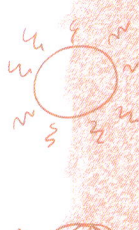

La récréation [Unité 1, Volet 3]

1. Du sagst, dass Pause ist.

....

2. Du zeigst auf eine Person und sagst, dass das die Aufsichtsperson ist.

....

3. Du sagst, dass die Schüler auf dem Hof sind.

....

4. Du fragst jemanden, wie er/sie heißt.

....

5. Du fragst jemanden, ob er/sie aus Straßburg oder aus Colmar ist.

....

....

6. Du sagst, dass Lukas neu in Straßburg ist.

....

....

7. Du sagst, dass Maria neu an der Schule ist.

....

8. Du sagst, dass der Junge Stéphane ist.

....

9. Du zeigst auf eine Person und fragst, wer das ist.

....

10. Du sagst, dass sie Clara heißt.

....

11. Du sagst, dass Noah in der siebten (*wörtlich:* fünften) Klasse ist.

....

12. Du sagst, dass er Karims Freund ist.

....

13. Du sagst, dass das Mädchen Yasmine ist.

....

14. Du sagst, dass sie Jades Freundin ist.

....

15. Du fragst zwei Schüler/Schülerinnen, ob sie auch in der sechsten Klasse sind.

....

....

Mots en contexte

>>> Formuliere die französischen Sätze und schreibe sie auf. Die Lösungen findest du in der rechten Spalte der ▶ *Liste des mots* im Buch ab S.199.

1. Du sagst, dass Clara zu Hause ist.

....

2. Du sagst, dass sie bei Jade ist.

....

3. Du sagst, dass das Théos Regal ist.

....

....

4. Du zeigst jemanden Théos Schlafzimmer.

....

5. Du sagst, dass es im Zimmer eine Musikecke gibt.

....

....

6. Du sagst, dass das Karims Computer ist.

....

....

7. Du sagst, dass Yasmine in der Hängematte ist.

....

8. Du sagst, dass die Comics im Schrank sind.

....

....

9. Du sagst, dass das Noahs CD-Sammlung ist.

....

....

10. Du fragst jemanden, was es in seinem/ ihrem Zimmer gibt.

....

....

11. Du sagst, dass die Schüler/Schülerinnen noch im Hof sind.

....

....

12. Du sagst, dass Herr Rivière der Geographie-lehrer ist.

....

....

Chez Clara [Unité 2, Volet 2]

1. Du sagst, dass es im Badzimmer einen Stuhl gibt.

....

....

2. Du fragst, wo Lukas ist.

....

3. Du sagst, dass die Lampe auf dem Tisch ist.

....

....

4. Du sagst, dass die Steine rechts im Schrank sind.

....

....

5. Du sagst, dass Yasmine und Karim in der Küche sind.

....

....

6. Du sagst, dass die Steine links auf dem Regal sind.

....

....

7. Du sagst, dass die Schlüssel auf dem Tisch sind.

....

....

8. Du sagst, dass vor dem Schreibtisch ein Globus steht.

....

....

9. Jemand fragt dich, wo die CD ist. Du forderst ihn/sie auf, unter dem Bett nachzusehen.

– ....

– ....

10. Du sagst, dass die Fernbedienung hinter dem Regal ist.

....

....

11. Du sagst, dass der Stuhl zwischen dem Tisch und dem Bett ist.

....

....

12. Du sagst, dass der Fernseher im Wohnzimmer ist.

....

....

Mots en contexte

Chez Yasmine   [Unité 2, Volet 3]

1. Du sagst, dass Karim mit Yasmine nach Hause geht.

2. Du sagst, dass Amandine und Yasmine eine CD anhören.

3. Du sagst, dass er die CD von ZAZ sucht.

4. Du sagst, dass du zu Hause Internet hast.

5. Du sagst, dass sie mit ihrer Freundin chattet.

6. Du sagst, dass Jade im Wohnzimmer telefoniert.

7. Du sagst, dass Théo den Globus ansieht und träumt.

8. Du fragst, was los ist.

9. Du fragst jemanden, was er/sie macht.

10. Du sagst, dass Lukas in der Küche lernt.

11. Du sagst, dass Jade jetzt in der siebten (*wörtlich:* fünften) Klasse ist.

12. Du sagst, dass Clara im Badezimmer singt.

13. Du sagst, dass du nach den Hausaufgaben immer eine CD anhörst.

Voilà ma famille [Unité 3, Volet 1]

>>> Formuliere die französischen Sätze und schreibe sie auf. Die Lösungen findest du in der rechten Spalte der ▶ *Liste des mots* im Buch ab S. 204.

1. Du sagst, dass es das Zimmer deiner Schwester ist.

....

....

2. Du sagst, dass Noah dein Freund ist.

....

....

3. Du sagst, dass Yasmines Bruder in der siebten (*wörtlich:* fünften) Klasse ist.

....

....

4. Du sagst, dass deine Eltern bei deiner Tante sind.

....

....

5. Du sagst, dass dein Vater Lehrer ist.

....

6. Du sagst, dass die Schwester deiner Mutter deine Tante ist.

....

....

7. Du sagst: „Schau mal, das ist der Sohn meines Französischlehrers."

....

....

8. Du sagst, dass die Tochter von Frau Fabre Clara heißt.

....

....

9. Du sagst, dass dein Onkel nett ist.

....

10. Du sagst, dass das Claras Cousins sind.

....

11. Du sagst, dass deine Großmutter Joséphine heißt.

....

....

12. Du sagst, dass deine Urgroßmutter im Wohnzimmer fernsieht.

....

....

Mots en contexte

On rentre ensemble? [Unité 3, Volet 2]

1. Du fragst jemanden, ob der Junge da sein/ihr Bruder ist.

   ....

   ....

2. Du sagst, dass deine Cousins in Berlin wohnen.

   ....

   ....

3. Du sagst, dass deine Freundin in der Nähe der Schule wohnt.

   ....

   ....

4. Du fragst jemanden, ob es noch weit ist. Er/sie antwortet: „Nein, es ist ganz nah."

   – ....

   – ....

5. Du sagst, dass die Früchte auf dem Tisch sind.

   ....

   ....

6. Du sagst, dass dein Bruder spät nach Hause kommt.

   ....

7. Du sagst, dass deine Großmutter nach der Schule auf deine Geschwister aufpasst.

   ....

   ....

8. Du fragst jemanden, wo seine/ihre Brüder sind.

   ....

9. Du sagst, dass dein Vater in Deutschland arbeitet.

   ....

   ....

10. Du sagst, dass ihr am Wochenende bei deinen Cousins seid.

   ....

   ....

Comment ça va, dans ta famille? [Unité 3, Volet 3]

1. Du sagst, dass deine Schwester vor ihrem Computer ist.

   ....

   ....

2. Du fragst jemanden, ob er/sie Geschwister hat.

   ....

   ....

3. Du sagst, dass du die Pause im Hof verbringst.

....

....

4. Du sagst, dass das Noah mit seiner Freundin ist.

....

....

5. Du sagst, dass Léas Stiefmutter in Paris wohnt.

....

....

6. Du sagst, dass der Französischlehrer nett ist.

....

....

7. Du sagst, dass ihr drei Kinder seid: deine Schwester, dein Bruder und du.

....

....

8. Du sagst, dass deine Geschwister nerven.

....

....

9. Du sagst, dass dein Cousin Albin sechs Jahre alt ist.

....

....

10. Du sagst, dass du viel träumst.

....

11. Du sagst, dass der Hamster deiner Schwester viel spielt.

....

....

12. Du sagst, dass etwas der Horror ist.

....

13. Du sagst, dass dein Vater arbeitslos ist.

....

....

Tu as un animal? [Unité 3, Volet 4]

1. Du fragst jemanden, ob er/sie Tiere zu Hause hat.

....

....

2. Du sagst, dass die Kinder mit dem Hund spielen.

....

....

3. Du sagst, dass er auf dem Foto süß ist.

....

....

4. Du sagst, dass du einem Wellensittich und
   einen Hund hast.

....

....

5. Du sagst, dass Yasmine und Clara geschwätzig
   sind.

....

....

6. Du sagst, dass die Schildkröte im Badezimmer
   ist.

....

....

7. Du sagst, dass du auf das Meerschweinchen
   deiner Schwester aufpasst.

....

....

8. Du sagst, dass Yasmine nach den Hausaufgaben im Internet surft.

....

....

9. Du sagst, dass deine Cousine so alt ist wie
   deine Mutter.

....

....

10. Du fragst jemanden, wie alt seine/ihre
    Schwester ist. Er/Sie antwortet, dass sie
    siebzehn Jahre alt ist.

– ....

– ....

....

11. Du sagst, dass du gerne einen Fernseher in
    deinem Zimmer hättest, dass aber deine
    Eltern dagegen sind.

....

....

12. Du fragst, wer mit dir spielt.

....

13. Du sagst: „Das Meerschweinchen ist
    hässlich, aber die Katze ist hübsch."

....

....

....

Le français en classe [Module 1]

1. Du fragst, wie man „Kugelschreiber" auf
Französisch / auf Deutsch sagt.

....

....

Le français en classe [Module 2]

1. Du sagst, dass alle singen.

....

2. Du sagst zu deiner Lehrerin, dass sie zu
schnell spricht.

....

3. Du bittest deinen Lehrer / deine Lehrerin,
etwas zu wiederholen.

....

....

4. Du forderst einen Schüler / eine Schülerin auf,
den Schrank zu schließen.

....

....

5. Du sagst, dass es im Klassenzimmer eine Tafel
gibt.

....

....

6. Die Lehrerin fordert euch auf, die CD noch
einmal anzuhören.

....

....

7. Du sagst, dass du das Wort „stylo" nicht
verstehst.

....

....

Le français en classe [Module 3]

1. Du fragst einen Mitschüler / eine Mitschülerin,
ob er/sie eine Frage hat.

....

2. Du fragst jemanden, was er/sie heute in der
Schule hat.

....

....

Mots en contexte

Il est quelle heure? [Module 4]

1. Du fragst deine Mutter, wie spät es ist.

....

....

2. Du sagst, dass es drei Uhr ist.

....

3. Du betonst, dass du um 18 Uhr nach Hause gehst.

....

....

4. Du sagst, dass es Viertel vor fünf ist.

....

....

5. Du sagst, dass es halb vier ist.

....

....

6. Du sagst, dass es Viertel nach elf ist.

....

....

7. Du sagst, dass es Viertel nach 12 ist.

....

....

8. Du sagst, dass deine Mutter um 12 Uhr mittags nach Hause kommt.

....

....

9. Du sagst, dass es eine Viertelstunde vor Mitternacht ist.

....

....

10. Du sagst, dass du um Mitternacht in deinem Bett bist.

....

....

11. Du sagst, dass deine Großmutter morgen ankommt.

....

....

12. Du fragst jemanden, um wie viel Uhr er/sie nach Hause geht.

....

....

13. Du sagst, dass Théo immer pünktlich ist.

....

....

  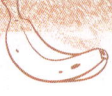  

Qu'est-ce qu'ils font? [Unité 4, Volet 1]

>>> **Formuliere die französischen Sätze und schreibe sie auf. Die Lösungen findest du in der rechten Spalte der ▶ *Liste des mots* im Buch ab S. 213.**

1. Du sagst, dass die Kinder nach der Schule Freizeitaktivitäten haben.

....

....

2. Du fragst jemanden, was er/sie macht.

....

3. Du sagst, dass die zwei Freunde Theater spielen.

....

....

4. Du sagst, dass du singst und Gitarre spielst.

....

....

5. Du sagst, dass Pierre mit seinem Cousin Pascal Tennis spielt.

....

....

6. Du sagst, dass Lara nach der Schule tanzt.

....

....

7. Du sagst, dass ihr im Winter Ski fahrt.

....

....

Un DVD pour l'Allemagne [Unité 4, Volet 2]

1. Du sagst, dass die Lehrer den Schulanfang vorbereiten.

....

....

2. Du sagst, dass dein Hobby Tanzen ist.

....

3. Du sagst, dass du Fruchtsäfte magst.

....

4. Du fragst jemanden, ob er/sie den Sänger Yannick Noah mag.

....

5. Du sagst, dass du es liebst, in deinem Zimmer zu lesen.

....

....

6. Du sagst, dass sie nicht zu Hause ist.

....

....

7. Du sagst, dass du Hunde hasst.

....

....

8. Du sagst, dass die Deutschlehrerin mit der Französischlehrerin spricht.

....

....

9. Du sagst, dass Lesen deine Lieblings-beschäftigung ist.

....

....

Qu'est-ce que tu fais ce week-end? [Unité 4, Volet 3]

1. Du sagst, dass ihr an diesem Wochenende nicht da seid.

....

....

2. Du fragst jemanden, ob er/sie mit dir spielen will.

....

....

3. Du fragst jemanden, ob er/sie die Berge mag.

....

....

4. Du sagst, dass er seine Cousins nach Hause einlädt.

....

....

5. Du fragst, ob du fernsehen kannst.

....

....

6. Du sagst, dass du die Schule nicht so gern magst.

....

....

7. Du fragst, ob 10 Uhr in Ordnung ist.

....

....

8. Du sagst: „Geht klar!"

....

....

Notre collège [Unité 5, Volet 1]

>>> Formuliere die französischen Sätze und schreibe sie auf. Die Lösungen findest du in der rechten Spalte der ▶ *Liste des mots* im Buch ab S. 217.

1. Du sagst, dass Noah seine Lieblingsgruppe vorstellt.

....

....

2. Du sagst, dass das Fenster offen ist.

....

....

3. Du sagst, dass eure Lehrer nett sind.

....

....

4. Du sagst, dass dein Zimmer dein Lieblingsort ist.

....

....

5. Du sagst, dass die Dokumentalistin in der Schulbibliothek arbeitet.

....

....

6. Du sagst, dass man in der Schulbibliothek Bücher ausleihen kann.

....

....

7. Du fragst, was es in der Kantine gibt.

....

....

8. Du sagst, dass Schüler in der Turnhalle sind.

....

....

9. Du fragst jemanden, ob ihr die Hausaufgaben zusammen im Aufenthaltsraum macht.

....

....

10. Du fragst, wo die Toilette ist.

....

11. Du sagst, dass Frau Vidal im Lehrerzimmer ist.

....

....

12. Du sagst, dass die Schüler mit Herrn Martel im Klassenraum sind.

....

....

Mots en contexte

Ma journée [Unité 5, Volet 2]

1. Du fragst jemanden, ob sein/ihr Stundenplan gut ist.

   ....

2. Du sagst, dass du morgen keinen Unterricht hast.

   ....

   ....

3. Du sagst, dass Clara Yasmine nach der Schule trifft, weil sie zusammen Theater spielen.

   ....

   ....

   ....

4. Du sagst, dass du Mathe und Sport magst.

   ....

   ....

5. Du sagst, dass Simon von 14 Uhr bis 16 Uhr Fußball hat.

   ....

6. Du fragst jemanden, wo er/sie mittags isst.

   ....

7. Du sagst, dass Clara und Yasmine zusammen ins Theater gehen.

   ....

   ....

8. Du sagst, dass die Schüler in Frankreich bis um 17:30 Uhr Unterricht haben können.

   ....

   ....

   ....

9. Du sagst, dass Claras Eltern am Abend spät nach Hause kommen.

   ....

   ....

10. Du sagst, dass Clara oft mit ihrem Bruder lacht.

    ....

    ....

11. Du sagst, dass du morgen eine Klassenarbeit in Mathe hast.

    ....

    ....

12. Du sagst, Marc gut in Geografie ist.

    ....

    ....

13. Du sagst, dass du heute Nachmittag zu deinem Flötenunterricht gehst.

....

....

14. Du fragst deine Freunde, warum sie nicht mit dir spielen wollen.

....

....

Le programme [Unité 5, Volet 3]

1. Du sagst, dass Clara, Camille, Alexandre und ihre Cousins im Urlaub sind.

....

....

....

2. Du sagst, dass die Schüler von Frau Vidal mit ihren Austauschpartnern im Hof sind.

....

....

3. Du fragst jemanden, wann er/sie nach Hause kommt.

....

....

4. Du sagst, dass sie Straßburg besichtigen werden.

....

....

5. Du fragst jemanden, ob er/sie gern ins Museum geht.

....

6. Du sagst, dass du Schokolade nicht so magst.

....

....

7. Du sagst, dass man heute Abend ins Kino gehen könnte.

....

....

Mots en contexte

8. Du sagst, dass die Schule am Samstag und Sonntag geschlossen ist.

9. Du fragst jemanden, wohin er/sie geht.

10. Du sagst, dass Théo auch eine Fossilien-sammlung hat.

11. Du sagst, dass deine Mutter zurzeit arbeitslos ist.

12. Du sagst, dass die Schüler eine Bootsfahrt auf der Ill machen werden.

13. Du sagst, dass du während der Ferien gerne mit deinen Eltern Boot fährst.

14. Du fragst jemanden: „Wir kommen gegen 11 Uhr bei dir vorbei, einverstanden?"

15. Du sagst, dass die Klasse 6A eine Rallye vorbereitet.

16. Du sagst, dass die deutschen Schüler mit dem Reisebus nach Straßburg fahren.

17. Du sagst, dass es um 12:15 Uhr in der Kantine Mittagessen gibt.

18. Du sagst, dass das Stadtzentrum von Straßburg sehr schön ist.

La visite en bateau [Unité 6, Volet 1]

>>> Formuliere die französischen Sätze und schreibe sie auf. Die Lösungen findest du in der rechten Spalte der ▶ *Liste des mots* im Buch ab S. 223.

1. Du sagst, dass deine Schwester einund- zwanzig Jahre alt ist.

....

2. Du sagst, dass die Ferien im April sind.

....

3. Du sagst, dass die Schüler in den Reisebus einsteigen.

....

....

....

4. Du sagst, dass die Ferien bald beginnen.

....

....

5. Du sagst, dass du ziemlich nah an deiner Schule wohnst.

....

....

....

6. Du sagst, dass Paris eine sehr touristische Stadt ist.

....

....

7. Du sagst, dass Théo und Lukas zur „Montagne des singes" zurückkehren wollen.

....

....

....

À la cantine [Unité 6, Volet 2]

1. Du sagst, dass Yasmine und Karim nach der Schule Hunger haben.

....

....

2. Du sagst, dass die Schüler aus Lahr die Ankunft der Franzosen vorbereiten.

....

....

Mots en contexte

3. Du sagst, dass eine Gruppe Deutscher Straßburg besichtigt.

....

....

4. Du sagst, dass das Menü in der Kantine heute super ist.

....

....

5. Du sagst, dass Spaghetti dein Lieblingsgericht ist.

....

....

6. Du fragst deinen Tischnachbarn, ob er/sie seine Nachspeise nicht isst.

....

....

7. Du fragst, wie man einen Schokoladenkuchen zubereitet.

....

....

8. Du sagst, dass die Kuchen auf dem Tisch sind.

....

....

9. Du fragst jemanden, was er/sie als Nachspeise nimmt.

....

....

10. Du sagst, dass du etwas nicht mehr weißt.

....

11. Du fragst jemanden, ob er/sie Durst hat.

....

Ma ville, mon quartier [Unité 6, Volet 3]

1. Du sagst, dass die (männliche) Aufsichtsperson mit dem Lehrer spricht.

....

....

2. Du sagst, dass dein Zimmer groß ist.

....

3. Du sagst, dass im Schulhof viele Schüler sind.

....

....

4. Du sagst, dass Yasmine und Zohra viele Sachen in ihrem Zimmer haben.

....

....

5. Du sagst, dass du zu Fuß zur Schule gehst.

....

....

6. Du sagst, dass ihr ein bisschen zu weit weg von der Schule wohnt.

....

....

7. Du sagst, dass Zohra wie ihre Schwester spricht.

....

....

8. Du sagst, dass das Museum gegenüber der Kathedrale ist.

....

....

9. Du sagst, dass ihr zu viele Hausaufgaben habt.

....

10. Du sagst, dass dein Bruder nervt, aber dass du ihn trotzdem magst.

....

....

11. Du sagst, dass das Einkaufszentrum sonntags geschlossen ist.

....

....

12. Du sagst, dass April dein Lieblingsmonat ist.

....

....

13. Du sagst, dass es kein Wasser mehr gibt.

....

14. Du sagst, dass es auf dem Kléber-Platz viele Cafés gibt.

....

....

15. Du sagst, dass der Supermarkt bis 21 Uhr geöffnet ist.

....

....

16. Du sagst, dass es in der Nähe der Schule eine Bäckerei gibt.

....

....

17. Du sagst, dass dein Zimmer zu klein ist.

....

18. Du fragst jemanden, ob ihr zusammen ins Schwimmbad geht.

....

....

Mots en contexte

C'est quand, ton anniversaire? [Unité 7, Volet 1]

>>> Formuliere die französischen Sätze und schreibe sie auf. Die Lösungen findest du in der rechten Spalte der ▶ Liste des mots im Buch ab S. 228.

1. Du fragst jemanden, was er/sie zu seinem/ihrem Geburtstag möchte.

....

....

2. Du sagst, dass Théo zu seinem Geburtstag seine Freunde einlädt.

....

....

3. Du sagst, dass deine Urgroßmutter hundert Jahre alt ist.

....

....

4. Du sagst, dass ihr im Februar in den Vogesen Ski fahren geht.

....

....

Les cadeaux [Unité 7, Volet 2]

1. Du sagst, dass Théo seine Geburtstagsgeschenke mag.

....

....

2. Du sagst, dass die Jugendlichen über ihre Freizeitaktivitäten sprechen.

....

....

3. Du sagst, dass Clara ein Buch über das Theater kauft.

....

....

4. Du sagst, dass Théo Comic-Figuren sammelt.

....

5. Du sagst, dass die Kinder ihre Eltern überraschen wollen.

....

6. Du sagst, dass Noah sein Französischbuch nicht findet.

....

....

7. Du fragst jemanden, ob er/sie CDs mitbringen kann.

....

....

8. Du sagst, dass die Kinder Sketche für den Tag der offenen Tür vorbereiten.

....

....

9. Du fragst, wie viel die CD kostet.

....

10. Du sagst, dass das Kino am Wochenende sehr teuer ist.

....

....

11. Du sagst, dass du nicht genug Geld hast.

....

....

12. Du sagst, dass die Buchhandlung auch Bücher für zwei Euro hat.

....

....

13. Du fragst jemanden, ob er/sie dir bitte helfen kann.

....

....

14. Du sagst, dass Yasmine Clara ins Theater begleitet.

....

....

15. Du sagst, dass Noah mit seiner Mutter im Supermarkt einkauft.

....

....

16. Du sagst, dass ein Kilo Tomaten 3,25 Euro kostet.

....

....

17. Du fragst, ob es noch genug Mehl gibt.

....

....

18. Du sagst, dass Julies Katze schwarz ist.

....

....

Mots en contexte

1. Du fragst Théo, ob er fertig ist.

....

2. Du sagst, dass du Kartoffelchips nicht magst.

....

....

3. Du sagst, dass in den Bonbons zu viel Zucker ist.

....

....

4. Du sagst, dass du einen Tomatensalat zubereitest.

....

....

5. Du sagst, dass Karim auf seine Schwester wartet.

....

6. Du sagst, dass Yasmine zu spät ist.

....

....

7. Du sagst, dass sie glücklich ist.

....

8. Du sagst, dass Théo Spiele für seinen Geburtstag vorbereitet.

....

....

9. Du sagst, dass Yasmine und Zohra in ihrem Zimmer tanzen.

....

....

10. Du sagst, dass man die Kinder im Pausenhof hört.

....

....

11. Du sagst, dass Marine bei ihrer Freundin vorbeikommt und sie dann zusammen ins Schwimmbad gehen.

....

....

....

12. Du sagst, dass Mittwoch der Lieblingstag von Clara ist.

....

....

À la gare [Module 8]

1. Du sagst, dass Jade vor dem Bahnhof auf ihren Vater wartet.

....

....

2. Du fragst höflich einen Mann, auf welchem Gleis der Zug nach Paris fährt.

....

....

3. Du sagst, dass Théo den Zug nach Paris nimmt.

....

....

4. Du sagst, dass der Schaffner auf dem Bahnsteig wartet.

....

....

5. Du sagst, dass die Jugendlichen in den Wagen 23 einsteigen.

....

....

6. Du fragst höflich einen Mann, wo der Entwerter für die Fahrkarten ist.

....

....

7. Du sagst, dass der Koffer von Jade sehr groß ist.

....

....

8. Du sagst, dass die Eltern drei Fahrkarten kaufen.

....

....

9. Du fragst jemanden, ob er eine einfache Fahrt nach Paris kauft.

....

....

10. Du sagst, dass du eine Hin- und Rückfahrt nach Paris kaufst.

....

....

11. Du sagst, dass dieser Zug nach Marseille fährt.

....

....

Mots en contexte

Qu'est-ce que tu vas faire pendant les vacances?
[Unité 8, Volet 1]

1. Du sagst, dass Yasmine es liebt, zum Strand zu gehen.

....

....

2. Du sagst, dass Théo und seine Familie am Sonntag eine Wanderung in den Vogesen machen werden.

....

....

....

3. Du sagst, dass du sehr gerne Wanderungen in den Bergen machst.

....

....

4. Du sagst, dass du nicht gerne zeltest.

....

....

5. Du sagst, dass du nicht bleiben kannst.

....

6. Du sagst, dass ihr am Seeufer essen könnt.

....

....

7. Du sagst, dass es in der Nähe von Berlin viele Seen gibt.

....

....

Souvenirs d'été [Unité 8, Volet 2]

1. Du sagst, dass die Métro verspätet ist.

....

....

2. Du sagst, dass du auf die Zugspitze hochfahren willst.

....

....

3. Du fragst, wie das Wetter bei ihnen ist.

....

....

4. Du sagst, dass du dieses Wochenende zu Hause bleibst, weil es regnet.

....

....

5. Du sagst, dass es praktisch ist, in den Bergen ein Fernglas zu haben.

....

....

6. Du sagst, dass du nachts viel träumst.

....

....

7. Du sagst, dass es in den Bergen oft kalt ist.

....

....

8. Du sagst, dass deine Freunde eine Menge Ideen haben.

....

....

9. Du sagst, dass auf dem Kléber-Platz viele Leute sind.

....

....

10. Du sagst, dass man in den Vogesen Mountainbike fahren kann.

....

....

11. Du sagst: „Wenn es heiß ist, gehen die Freunde ins Schwimmbad."

....

....

12. Du sagst, dass du gerne im Meer schwimmst.

....

....

13. Du sagst, dass Pauline Pferdeposter sammelt.

....

....

14. Du sagst, dass die Touristen die Kathedrale von Straßburg fotografieren.

....

....

15. Du sagst, dass deine Schwester ihren Geburtstag in der Schule feiert.

....

....

16. Du sagst, dass man das Schloss von Mai bis Oktober besichtigen kann.

....

....

17. Du forderst jemanden auf, seiner/ihrer Großmutter eine Karte zu schreiben.

....

....

Platz für deine Notizen und eigene Eselsbrücken

À plus! 1 *Nouvelle édition* **Gymnasium Bayern**
Mein Wortschatztrainer

Im Auftrag des Verlages erarbeitet von:
Walpurga Herzog

und der Redaktion Fremdsprachen in der Schule
Julia Goltz (Projektleitung), Christoph Haschka, Dorothee Flach, Jana Silckerodt, Christiane Ulrich
(Bildassistenz)

Illustrationen: Yayo Kawamura, Laurent Lalo (Umschlag, Katzen S. 4, Seitenränder)
Umschlaggestaltung: werkstatt für gebrauchsgrafik, Berlin
Layoutkonzept: Rotraud Biem, Berlin
Layout und technische Umsetzung: graphitecture book & edition

Bildquellen: S. 6 *un ordinateur* Shutterstock / Issarawat Tattong; *la chaise* Shutterstock / Aleksandr Kurganov; *le globe* Shutterstock / titov dmitriy; S. 10 *o.* Fotolia / slavun; *u.* Shutterstock / Luciana Rinaldi; S. 13 *2* Fotolia / Africa Studio; *3* Fotolia / Carola Schubbel; *4* Fotolia / vioma; *5* Fotolia / darren415; *6* Shutterstock / Sarnl; *7* Shutterstock / John A. Anderson; *8* Fotolia / alexbush; *9* Fotolia / chalabala; *10* Fotolia / asolo79; *11* Colourbox; *12* Colourbox; *13* Shutterstock / Garmasheva Natalia; *14* Shutterstock / studiorf; *15* Fotolia / SteF; S. 14 *1* Shutterstock / Elya Vatel; *2* Fotolia / Denis Tabler; *3* Shutterstock / Eric Isselee; *4* Fotolia / azure; *5* Shutterstock / PardoY; *6* Fotolia / DoraZett; *7* Fotolia / Oksana Kuzmina; *8* Shutterstock / fivespots; S. 14 *u.* Colourbox; S. 16 *Mi.* Cornelsen / Laurence Uzel, Pascal Denimal; S. 22 *u.* Shutterstock / Wallenrock; S. 24 *u.* Shutterstock / Piotr Wawrzyniuk; S. 29 *1* Shutterstock / Maks Narodenko; *2* Shutterstock / Iurii Kachkovskyi; *3* Fotolia / Dionisvera; *4* Shutterstock / Maks Narodenko; *5* Shutterstock / Maks Narodenko; *6* Shutterstock / Hannamariah; *7* Shutterstock / Jasmine_K; *8* Shutterstock / MikhailSh; *9* Shutterstock / Jiri Hera; *10* Shutterstock / multiart; *11* Shutterstock / stocksolutions; *12* Shutterstock / Seregam; *13* Shutterstock / Coprid; *14* Colourbox / Ruslan Kudrin; *15* Shutterstock / Mariyana M; *16* Shutterstock / Aerostato; *17* Fotolia / Nik_Merkulov; *18* Shutterstock / Nattika; *19* Shutterstock / modustollens; *20* Shutterstock / Evgeny Karandaev; *21 / 23* Shutterstock / Aleksandra Duda; *22* Fotolia / Sergii Moscaliuk; *24* Shutterstock / Steve Heap; *25* Shutterstock / shakim888; S. 32 *o.* Coulorbox / Susan McKenzie; *u.* Shutterstock / Laborant; S. 34 *o.* Colourbox / Maxim Petrichuk; *u.* Fotolia / kite_rin; S. 62 Shutterstock / VAV

www.cornelsen.de

1. Auflage, 1. Druck 2018

Alle Drucke dieser Auflage sind inhaltlich unverändert
und können im Unterricht nebeneinander verwendet werden.

© 2018 Cornelsen Verlag GmbH, Berlin

Druck: AZ Druck und Datentechnik GmbH, Kempten

ISBN 978-3-06-121642-9

PEFC zertifiziert
Dieses Produkt stammt aus nachhaltig
bewirtschafteten Wäldern und kontrollierten
Quellen.

www.pefc.de

PEFC/04-31-2260